Niveau de lecture 1

Tous lecteurs !

Drôles de petites bêtes !

Denise Ryan

traduit par Prospérine Desmazures

hachette ÉDUCATION

Sommaire

Qu'est-ce qu'un insecte ?	4
Les types d'insectes	6
Les scarabées	8
Les papillons	10
Les araignées	12
Les abeilles	14
Se nourrir	16
Voler	18
Nager	20
Sauter	22
Lexique	24

Cet ouvrage est imprimé sur du papier composé de fibres naturelles, renouvelables, recyclables, et fabriqué à partir de bois issu de forêts gérées de façon durable.

ISBN : 978-2-01-117625-7
Copyright 2008 © Weldon Owen Pty Ltd.
Pour la présente édition, © Hachette Livre 2011, 43 quai de Grenelle, 75905 Paris Cedex 15.
Tous droits de traduction, de reproduction et d'adaptation réservés pour tous pays.

Quelles sortes d'insectes vivent sur notre planète ?
Quels sont leurs noms ?
Lis ce livre pour le savoir.

Qu'est-ce qu'un insecte ?

Les insectes sont de petits animaux. Le plus souvent, ils ont six pattes, deux paires d'ailes et deux antennes sur la tête.

une aile

Une abeille est un insecte.

une aile

la tête

une abeille

une antenne

une patte

Les types d'insectes

Il y a beaucoup d'insectes sur la Terre. Les mouches, les scarabées, les papillons, les coccinelles sont des insectes.

Ces mouches peuvent voler longtemps et faire du sur-place. Elles sont noires et jaunes.

7

une mouche

Les scarabées

Tous les scarabées ont des ailes. Mais certains ont des ailes très lourdes et collées, alors ils ne peuvent pas voler !

des scarabées Hercule

des ailes collées

la pince

Voici des « scarabées Hercule ». La tête des mâles se termine par deux cornes en forme de pince.

Les papillons

Les papillons sont de jolis insectes volants. La chenille est le petit du papillon. Pour devenir adulte, elle mue* et se transforme en papillon.

une aile

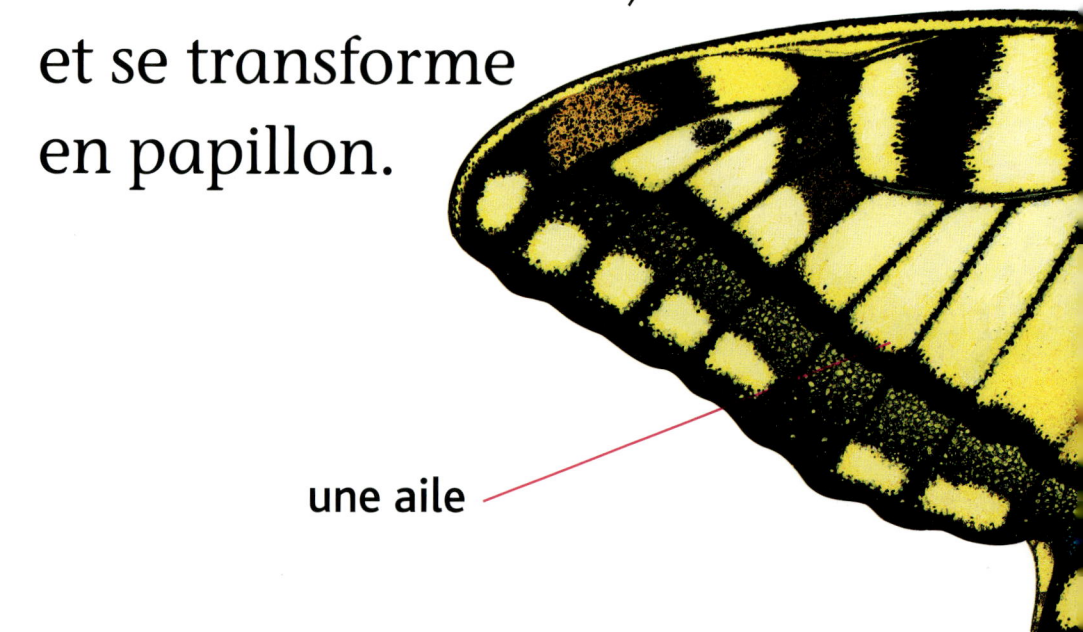

un papillon

Un papillon a quatre grandes ailes.

une aile

une aile

une aile

Les araignées

On croit souvent que
les araignées sont des insectes.
Mais ce n'est pas vrai !
Elles ont huit pattes
alors que les insectes n'en ont
que six. Les araignées fabriquent
du fil de soie*. Elles tissent
leur toile avec ces fils.

Les insectes sont les proies* préférées
des araignées. Elles les piègent
dans leur toile et les mangent.

une toile d'araignée

un fil de soie

le corps de l'araignée

une patte

une araignée

Les abeilles

Les abeilles vivent dans des ruches*, composées d'alvéoles* en cire. Dans ces alvéoles, elles élèvent leurs petits et elles gardent le miel.

un œuf

une larve*

une ruche

une alvéole de cire

une abeille

Se nourrir

Les insectes se nourrissent de plantes, de graines, de fruits et de toutes sortes de petits animaux... même d'autres insectes !

Cette mante religieuse dévore un papillon.

une mante religieuse

Voler

Les insectes ont deux paires d'ailes. La plupart savent très bien voler !

une aile

Les coccinelles ont des ailes plus solides qui leur servent de protection.
Elles sont rouges avec des points noirs.

une aile protectrice

une coccinelle

Nager

Certains insectes peuvent nager ! On en trouve dans les mares, les lacs ou les rivières.

Cet insecte sait nager sur le dos. Il se sert de ses pattes comme rames.

21

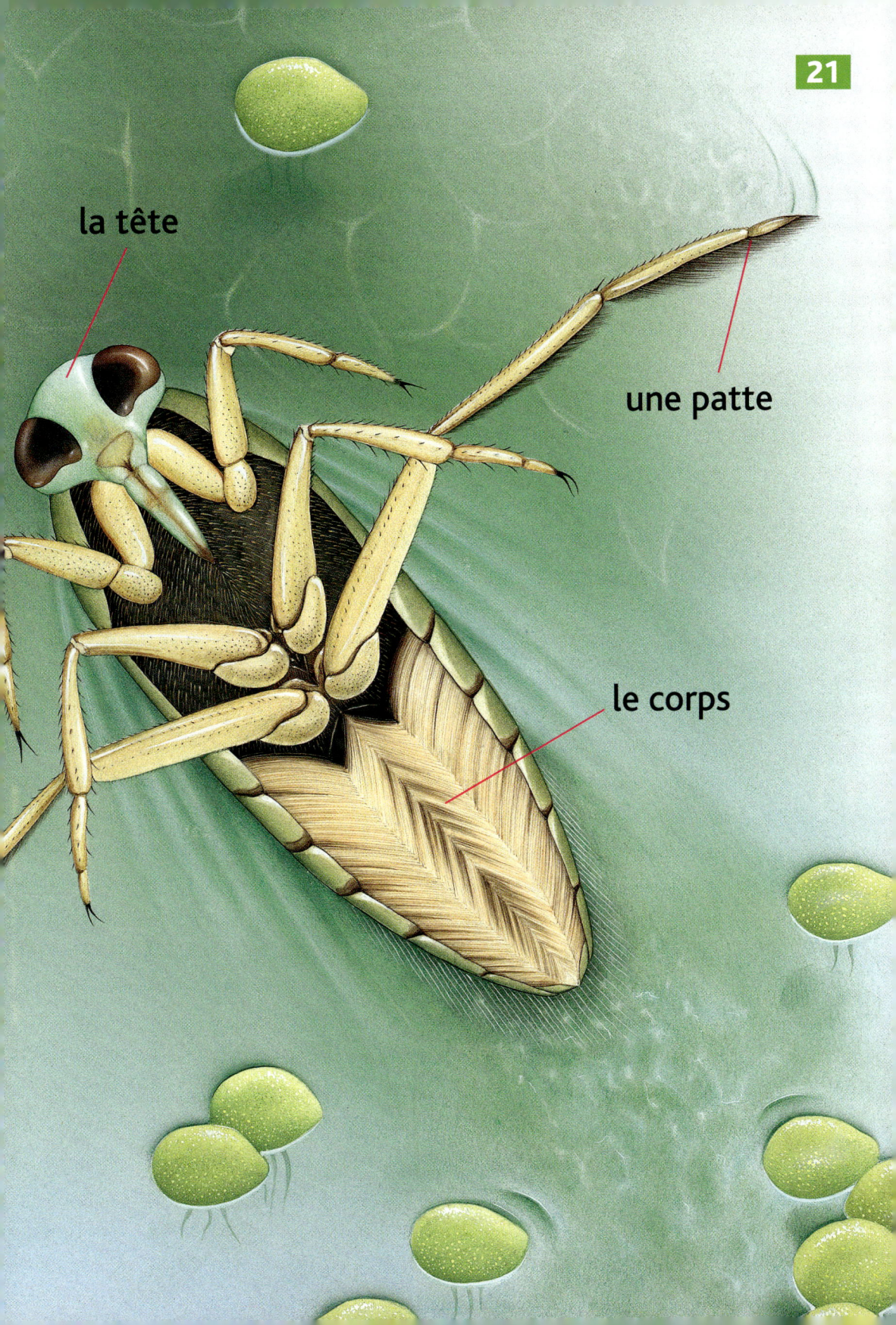

la tête

une patte

le corps

Sauter

Certains insectes peuvent sauter. C'est le cas des sauterelles : elles bondissent pour échapper à leurs ennemis !

une patte arrière

une sauterelle

Les sauterelles ont six pattes très musclées. Grâce à leurs deux pattes arrière, elles sautent très haut !

Lexique

une alvéole : un petit trou fait par les abeilles dans la cire de leur ruche.

une larve : la forme de certains animaux avant de devenir adultes.

muer : se transformer.

une proie : un animal chassé par un autre animal pour se nourrir.

une ruche : le lieu où vivent les abeilles.

la soie : la matière produite par l'araignée pour construire sa toile.